HUNGARIAN FOR BEGINNERS

FIRST 1000 WORDS

EFFIE DELAROSA

CONTENTS

25-26	JOBS
27	FRUITS
28	VEGETABLES
29	FEELINGS
30-32	ADJECTIVES
33	NATURE
34	CULTURE
35	COLORS
36	SHAPES & DIRECTIONS
37-40	HOME

CONTENTS

6-7	TALK
8	NUMBERS
9	FAMILY
10-12	FOOD
13	VEHICLES
14	TRAVEL
15-17	ANIMALS
18-19	TIME
20-23	VERBS
24	SCHOOL

CONTENTS

41	PREPOSITIONS
42-44	HUMAN
45	TIME (2)
46-49	COUNTRIES
50	CLOTHES
51	ACCESSORIES
52	SPACE
53	SHOPPING
54-56	ADVERBS
57	PEOPLE

58	SPORT
59	WORLD
60-61	INTERNET
62-63	VOCABULARY
64	TOOLS
65-66	HEALTH-SCIENCE
67	CITY
68	MATERIALS
69	EARTH
70	MUSIC
71	MAIL
72	ECOLOGY

BESZÉD / TALK

Sajnálom shy-na-lom  Sorry	**De** deh  But	**Jó éjszakát** yo ace-a-kat  Good evening
Mert Miatt me-ott  Because (of)	**Üdvözöljük** ood-vuh-zool yuke  Welcome	**Hol** hall  Where
Mi me!?  What	**Mennyi** men-yee  How much	**Melyik** meh-yeek  Which
Szuper super  Awesome	**Aranyos** aron-yosh  Cute	**Segítség** sheg-eat-shaig  Help
Ha  If	**Mikor** me-cor When	**Miért** me-urt Why

7

SZÁMOK　　NUMBERS

0 NULLA
new-luh
Zero

1 EGY
egg-gyeh
One

2 KETTŐ
ket-two
Two

3 HÁROM
hah-rom
Three

4 NÉGY
naig-yeh
Four

5 ÖT
uhtt
Five

6 HAT
haht
hawt
Six

7 HÉT
hate
Seven

8 NYOLC
knee-all-ch
Eight

9 KILENC
kill-ench
Nine

10 TÍZ
tease
Ten

15 TIZENÖT
tease-en-uhtt
Fifteen

20 HÚSZ
hoose
Twenty

100 SZÁZ
szazz
One hundred

1000 EZER
eh-zair
One thousand

CSALÁD
FAMILY

Anya — Mother
on-yuh

Apa — Father
aw-pa

Fiú testvér — Brother
fee-ooh tesht-veer

Lány testvér — Sister
lan-yih tesht-veer

Nagymama — Grandmother
noig-mama

Nagyapa — Grandfather
noig-yaw-pa

Fia - fee-a
Fiú gyermek — Son

Lánya - lan-yah
Lány gyermek — Daughter

Nagynéni — Aunt
noig-nenny

Nagybácsi — Uncle
noig-bah-chi

Lány unoka — Granddaughter
lan-yih ooh-knock-a

Fiú unoka — Grandson
fee-ooh ooh-knock-a

Feleség — Wife
fell-eh-shaig

Férj — Husband
fair-yeeh

Reggeli
Breakfast
reg-ellie

Ebéd
Lunch
eh-baid

Vacsora
Dinner
vach-aura

Étel
Meal
ay-tell

Kenyér
Bread
ken-yair

Sajt
Cheese
shyte

Tojás
Egg
toy-ash

Hal
Fish
hall

Hús
Meat
whoosh-sh

Vaj
Butter
voi

Sonka
Ham
shon-ka

Kolbász
Sausage
call-bass

Joghurt
Yogurt
yoke-hort

Torta
Cake
tore-ta

Csokoládé
Chocolate
chock-o-lad-ay

Só
Salt
soal

Cukor
Sugar
sue-cor

Liszt
Flour
leest

Pepper
Pepper

Ital
Drink
eat-tahl

Nyalóka
Lollipop
nyah-low-ka

Drága
drag-awh

Méz
Honey

Víz
Water
vees

Fánk
Doughnut
fank

Kávé
Coffee
ka-vay

Jégkrém
Ice Cream
yaig-craim

Tej
Milk
tay

Naracslé
Orange Juice
naw-ranch-leigh

Tea
Tea
teh-o

Forró csokoládé
Hot Chocolate
faw-row chock-o-lad-ay

Étel
Food
ay-tell

Vitamin
Vitamin
veet-a-mein

Desszert
Dessert
dess-airt

Műzli
Cereals

Hagyma
Onion
hoig-maw

Bab
Beans
bob

Kukorica
Corn
coo-co-reet-sa

Búza
Wheat
booze-a

Zab
Oat
zob

Ketchup
Ketchup

Mustár
Mustard
moosh-tar

Fűszerek
Spices

Olaj
Oil
o-lie

Rizs
Rice
reej

Tészta
Pasta
taste-a

járművek  vehicles

REPÜLŐGÉP	CSÓNAK	HAJÓ
AIRPLANE	BOAT	SHIP
rep-ooh-loog-ape	cho-knock	hi-yo

AUTÓ	MOTORBICIKLI	VONAT
CAR	MOTORBIKE	TRAIN
aught-o	motoor-beet-seek-li	vo-naught

TRAKTOR	BICIKLI	BUSZ
TRACTOR	BICYCLE	BUS
	beet-seek-li	boose

TAXI	METRO	KAMINON
TAXI	SUBWAY	TRUCK

MENTŐAUTÓ	HELIKOPTER	VILLAMOS
AMBULANCE	HELICOPTER	TRAM
ment-two-aught-o		vee-la-mosh

utazás  travel

SZABADSÁG — HOLIDAY
REPÜLŐTÉR — AIRPORT
VONAT ÁLLOMÁS — TRAIN STATION

KIKÖTŐ — PORT
TÚRISTA — TOURIST
HOTEL — HOTEL

HÁZ — HOUSE
LAKÁS — APARTMENT
BŐRÖND — SUITCASE

ÚTLEVÉL — PASSPORT
TÉRKÉP — MAP
MEDENCE — SWIMMING POOL

UTCA — ROAD
ÚTTEST — STREET
SÉTA — WALK

ANIMALS / ÁLLATOK

Madár / Bird

Macska / Cat

Kutya / Dog

Kacsa / Duck

Egér / Mouse

Galamb / Pigeon

Nyúl / Rabbit

Elefánt / Elephant

Majom / Monkey

Tyúk / Chicken

Tehén / Cow

Szamár / Donkey

Kecske / Goat

Ló / Horse

Disznó / Pig

Bárány  Sheep	**Liba**  Goose	**Medve**  Bear
Teve  Camel	**Béka**  Frog	**Kígyó**  Snake
Teknős  Turtle	**Farkas**  Wolf	**Krokodil**  Crocodile
Dinoszaurusz  Dinosaur	**Zsiráf**  Giraffe	**Kenguru**  Kangaroo
Gyík  Lizard	**Tigris**  Tiger	**Zebra**  Zebra

ANIMALS / ÁLLATOK

ANIMALS / ÁLLATOK

Cápa

Shark

Rák

Crab

Delfin

Dolphin

Medúza
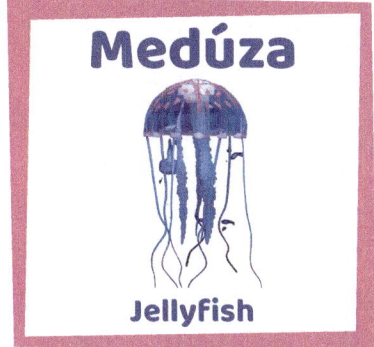
Jellyfish

Homár

Lobster

Csikóhal

Seahorse

Rája

Ray

Oktopus

Octopus

Pillangó

Butterfly

Csótány
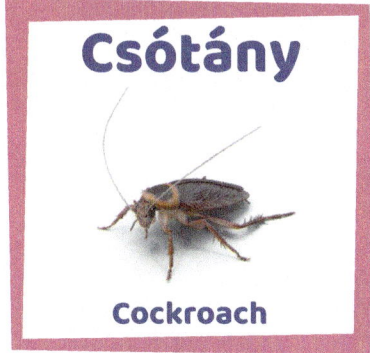
Cockroach

Pók

Spider

Bogár

Beetle

Szitakötő

Dragonfly

Hangya

Ant

Méh

Bee

| NAP | DAY |

HÉTFŐ	KEDD	SZERDA	CSÜTÖRTÖK
MONDAY	TUESDAY	WEDNESDAY	THURSDAY

PÉNTEK	SZOMBAT	VASÁRNAP	HÉT
FRIDAY	SATURDAY	SUNDAY	WEEK

| IDŐ | TIME |

ÓRA	PERC
HOUR	MINUTE

| ÉV | YEAR |

| HÓNAP | MONTH |

JANUÁR	FEBRUÁR	MÁRCIUS	ÁPRILIS
JANUARY	FEBRUARY	MARCH	APRIL

MÁJUS	JÚNIUS	JÚLIUS	AUGUSZTUS
MAY	JUNE	JULY	AUGUST

SZEPTEMBER	OKTÓBER	NOVEMBER	DECEMBER
SEPTEMBER	OCTOBER	NOVEMBER	DECEMBER

18

Tél	Winter
Tavasz	Spring
Ősz	Autumn
Nyár	Summer
Hónap	Season
Szél	Wind
Eső	Rain
Vihar	Thunderstorm
Reggel	Morning
Délután	Afternoon
Éjjel	Night
Éghajlat	Climate
Jelen	Present
Jövő	Future
Múlt	Past

IGÉK

VERBS

van	have
létezik	be
csinél	do
mond	say
mundem	can
megy	go
lát	see
tud	know
akar	want
jön	come
kell	need
meg kell tenni	have to
hisz	believe
talál	find
ad	give

IGÉK

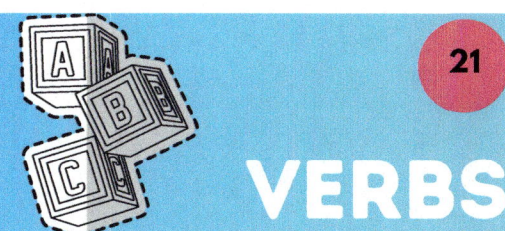

VERBS

vesz	take
beszél	talk
tesz	put
látszik	seem
elhagy	leave
marad	stay
gondolkodik	think
néz	look
válaszol	answer
vár	wait
él	live
ért	understand
gyere be	come in
válik	become
gyere vissza	come back

IGÉK  VERBS

ír	write
hív	call
esik	fall
kezd	start
követ	follow
mutat	show
nevet	laugh
mosolyog	smile
emlékezik	remember
játszik	play
eszik	eat
olvas	read
kap	get
sír	cry
magyaráz	explain

IGÉK

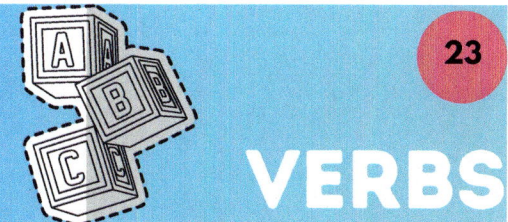

VERBS

énekel	sing
fog	touch
érez	smell
lélegez	breathe
hall	hear
fest	paint
tanul	study
ünnepel	celebrate
választ	choose
keres	search
kérdez	ask
élvez	enjoy
emlékez	imagine
iszik	drink
változtat	change

Ábécé — Alphabet
Ceruza — Pencil
Olló — Scissors
Füzet — Notebook
Iskolatáska — Schoolbag
Diák — Student

Osztályterem — Classroom
Barátok — Friends
Professzor — Professor

Matematika — Mathematics
Történelem — History
Tudomány — Science

Iskola — School

Művészet — Arts
Földrajz — Geography

munka
job

ÁPOLÓ
NURSE

FARMER
FARMER

ÉPÍTÉSZ
ARCHITECT

MÉRNÖK
ENGINEER

MUNKÁS
LABORER

TŰZOLTÓ
FIREFIGHTER

KERTÉSZ
GARDENER

ÜGYVÉD
LAWYER

PILÓTA
PILOT

SZÍNÉSZ
ACTOR

FOGORVOS
DENTIST

SZERELŐ
MECHANIC

KUKÁS
DUSTMAN

KÖNYVELŐ
ACCOUNTANT

PSZICHOLÓGUS
PSYCHOLOGIST

munka
job

TUDÓSÍTÓ — JOURNALIST
ASZTALOS — CARPENTER
ZENÉSZ — MUSICIAN

VÍZVEZETÉK SZERELŐ — PLUMBER
SZAKÁCS — COOK
ÍRÓ — WRITER

FODRÁSZ — HAIRDRESSER
TITKÁR — SECRETARY
SOFŐR — DRIVER

RENDŐR — POLICEMAN
ORVOS — DOCTOR
ÁLLATORVOS — VETERINARIAN

SZEMÉSZ — OPTICIAN
GYERMEKORVOS — PEDIATRICIAN
PINCÉR — WAITER

GYÜMÖLCSÖK

SZILVA
PLUM

BARACK
PEACH

CSERESZNYE
CHERRY

ALMA
APPLE

SZŐLŐ
GRAPE

DINNYE
WATERMELON

ANANÁSZ
PINEAPPLE

EPER
STRAWBERRY

MÁLNA
RASPBERRY

KÖRTE
PEAR

BANÁN
BANANA

SÁRGADINNYE
MELON

CITROM
LEMON

SZEDER
BLACKBERRY

NARANCS
ORANGE

FRUITS

ZÖLDSÉGEK / VEGETABLES

GOMBA — MUSHROOM

BROKKOLI — BROCCOLI

KÁPOSZTA — CABBAGE

SPÁRGA — ASPARAGUS

UBORKA — CUCUMBER

RÉPA — CARROT

RETEK — RADISH

SALÁTA — LETTUCE

BURGONYA — POTATO

PARADICSOM — TOMATO

AVOKÁDÓ — AVOCADO

PÓRÉHAGYMA — LEEK

CÉKLA — BEETROOT

PADLIZSÁN — EGGPLANT

ARTICSÓKA — ARTICHOKE

Nyugodt
Calm

Boldog
Happy

Csalódott
Disappointed

érzések

Izgatott
Excited

Ijedt
Frightened

Morcos
Grumpy

Szerelmes
In Love

Meglepődött
Surprised

Félős
Shy

29

Büszke
Proud

Ideges
Angry

Zavarodott
Confused

feelings

Fáradt
Tired

Félénk
Nervous

Kíváncsi
Curious

melléknevek / adjectives

nagyszerű	fantastic
furcsa	weird
nehéz	hard
vicces	funny
furcsa	strange
egyszerű	easy
lehetetlen	impossible
fiatal	young
helyes	correct
ingyenes	free
beteg	sick
ugyanolyan	same
szegény	poor
lehetséges	possible
tiszta	clean

melléknevek — adjectives

koszos	dirty
egyserű	simple
szomorú	sad
üres	empty
jó	good
puha	soft
hamis	false
nagy	big
rossz	bad
komoly	serious
idős	old
igaz	true
gyönyörű	beautiful
forró	hot
hideg	cold

melléknevek / adjectives

nehéz	expensive
tiszta	clear
utolsó	last
különböző	different
erős	strong
jó	nice
magas	high
ember	human
fontos	important
csinos	pretty
könnyű	light
apró	small
új	new
teljes	full
első	first

| Fű | Bogár | Hó |
| Grass | Insect | Snow |

| Virág | Levegő | Hegy |
| Flower | Air | Mountain |

Felhő
Cloud

Ég
Sky

Köd
Fog

Tenger
Sea

Tó
Lake

Part
Beach

Nap
Sun

Erdő
Forest

Fa
Tree

MŰVEŐDÉS / CULTURE

ÚJSÁGPAPÍR — NEWSPAPER

MOZI — CINEMA

TELEVÍZIÓ — TELEVISION

KÖYNV — BOOK

SZOBOR — SCULPTURE

FÉNYKÉPEZÉS — PHOTOGRAPHY

ZENE — MUSIC

KONCERT — CONCERT

FILM — MOVIE

SZAMÍTÓGÉP — COMPUTER

SZÓTÁR — DICTIONARY

FESTMÉNY — PAINTING

MÚZEUM — MUSEUM

OPERA — OPERA

SZÍNHÁZ — THEATER

SZÍNEK / COLORS

kék	blue
lila	purple
rózsaszín	pink
piros	red
naracssárga	orange
sárga	yellow
zöld	green
fekete	black
fehér	white
barna	brown
arany	gold
szürke	gray
ezüst	silver
szívárvány	rainbow

FORMÁK ÉS IRÁNYOK
SHAPES AND DIRECTIONS

előtt	in front of
hátul	behind
bal	left
jobb	right
közép	middle
négyzet	square
kör	circle
téglalap	rectangle
kocka	cube
rombusz	diamond
vonal	line
nyugat	west
klet	east
észak	north
dél	south

OTTHON
HOME

KONYHA	AJTÓ	EBÉDLŐ	FÜRDŐSZOBA
KITCHEN	DOOR	DINING ROOM	BATHROOM
	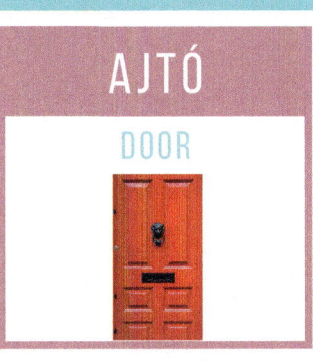		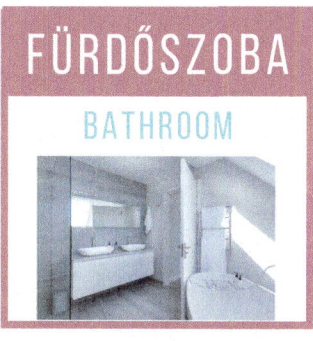

ABLAK	LÉCSŐ	PADLÁS	ELŐSZOBA
WINDOW	STAIRS	ATTIC	HALL
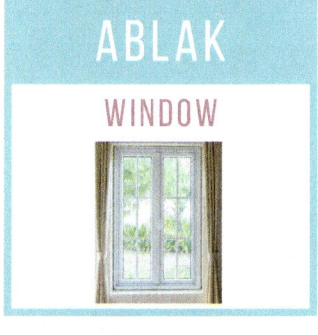	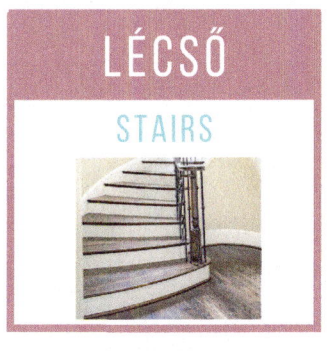		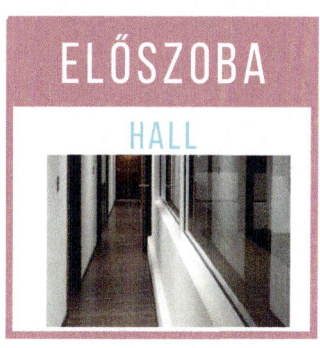

IRODA	ERKÉLY	PINCE	SZOMSZÉD
OFFICE	BALCONY	BASEMENT	NEIGHBOR
			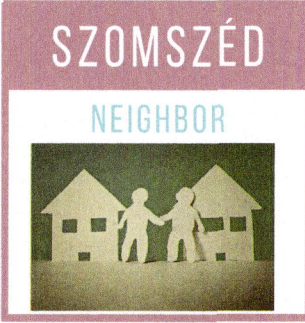

KERT	HÁLÓSZOBA
GARDEN	BEDROOM
	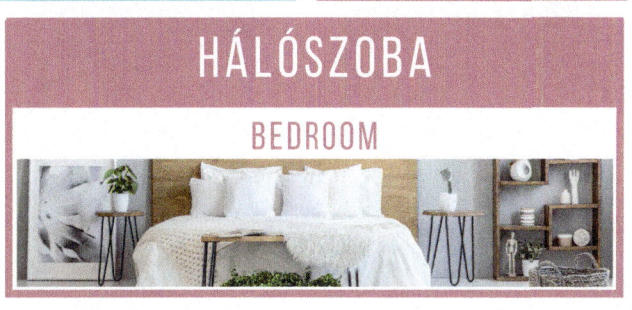

OTTHON / HOME

SÜTŐ	RADIÁTOR	KANAPÉ	HŰTŐ
OVEN	RADIATOR	SOFA	FRIDGE
	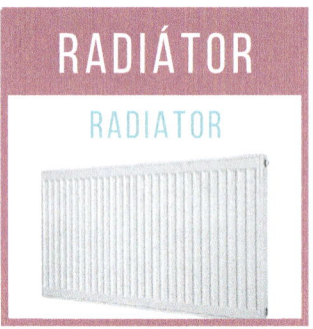		

LÁMPA	MOSOGATÓ	TELEFON	ÜVEG
LAMP	SINK	TELEPHONE	GLASS
	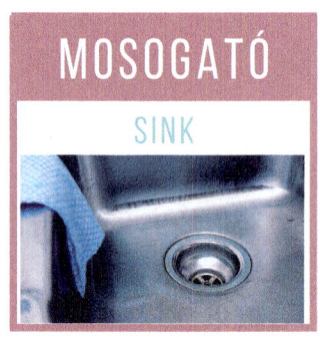		

TÁNYÉR	TÜKÖR	ÓRA	SZÉK
PLATE	MIRROR	CLOCK	CHAIR
	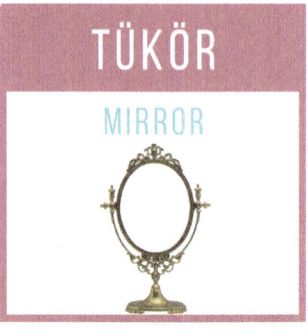		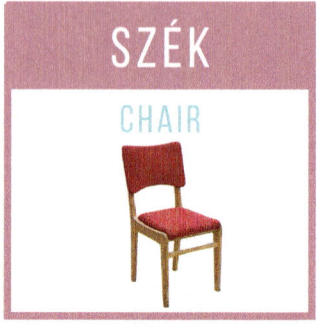

ÁGY	ASZTAL
BED	TABLE

OTTHON
HOME

FAL — WALL 	TETŐ — ROOF 	FAGYASZTÓ — FREEZER 	SZEKRÉNY — CUPBOARD 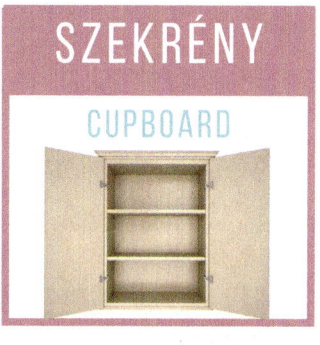
NÖVÉNY — PLANT 	TŰZHELY — FIREPLACE 	PORSZÍVÓ — VACUUM CLEANER 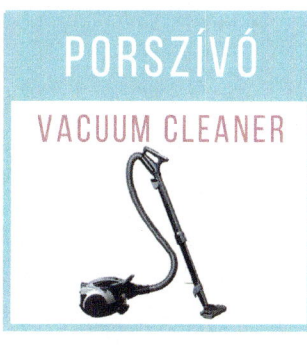	CSAP — TAP 
MOSOGATÓGÉP — DISHWASHER 	MIKROHULLÁMÚ SÜTŐ — MICROWAVE 	SZŐNYEG — CARPET 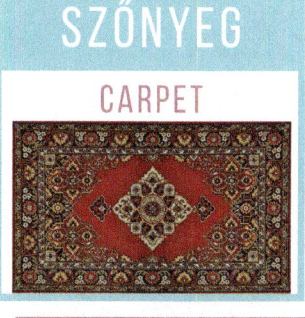	CSNEGŐ — DOORBELL 

REDŐNY — SHUTTER

KULCS — KEY

OTTHON
HOME

40

TÖRÜLKÖZŐ	LEPEDŐ	SZAPPAN	FÉSŰ
TOWEL	BED SHEET	SOAP	COMB
	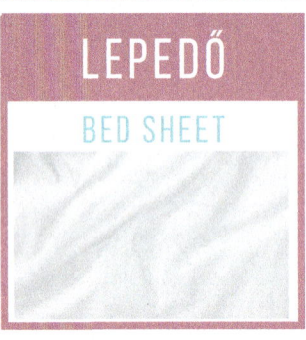		

FÜGGÖNY	POHÁR	SZUHANY	VILLANYKÖRTE
CURTAIN	CUP	SHOWER	LIGHT BULB

VILLA	KANÁL	KÉD	KÁD
FORK	SPOON	KNIFE	BATHTUB

ÜVEG	SZEMÉTLÁDA
BOTTLE	GARBAGE CAN

prepozíciók / prepositions

valameddig	for
után	after
előtt	before
-val/-vel	with
-ról/-ről	about
ellen	against
-ban/-ben	in
nélkül	without
-tól/-től	since
körül	around
-on/-en/-ön	on
mint	like
közben	during
között	between
-tól/-től	from

Ember / Human

test body 	**fej** head	**kéz** hand 
haj hair 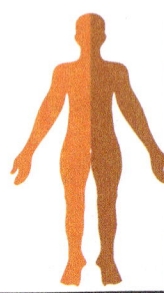	**arc** face 	**ujj** finger 
fül ear 	**szem** eyes 	**köröm** nail 
orr nose 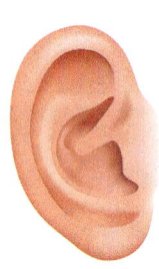	**száj** mouth 	**láb** leg 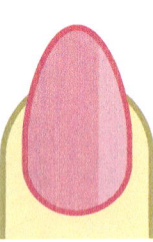
fog tooth 	**ajak** lips 	**lábfej** foot 

Ember / Human

agy brain 	**vér** blood 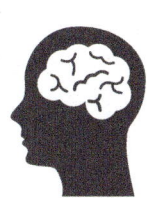	**szív** heart 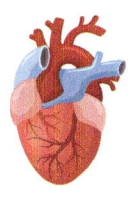
gyomor stomach 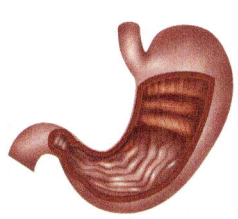	**máj** liver 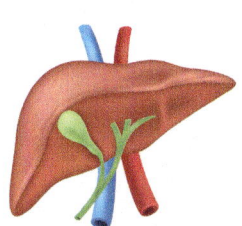	**vese** kidney 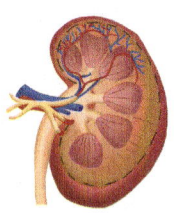
tüdő lungs 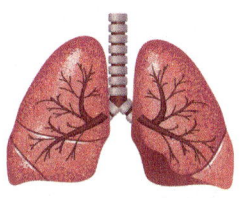	**bél** intestine 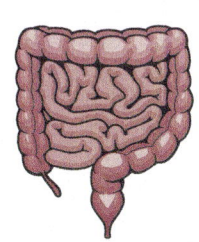	**köldök** navel 
váll shoulder 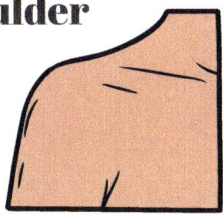	**nyelv** tongue 	**has** belly 
csípőő hip 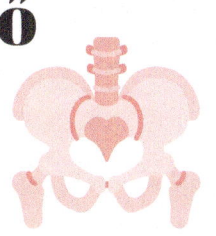	**térd** knee 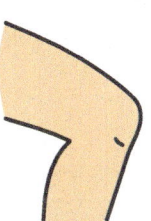	**boka** ankle 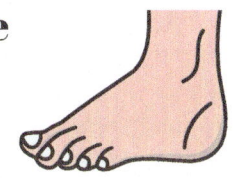

Ember — Human

bőr skin 	**csont** bone	**koponya** skull 
nyak neck 	**kézfej** wrist 	**szemöldök** eyebrow 
torok throat 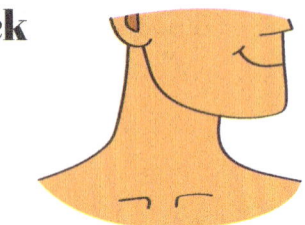	**szemhély** eyelid 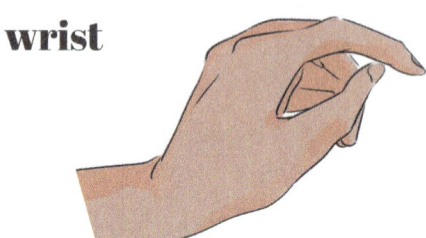	**áll** chin 
szakáll beard 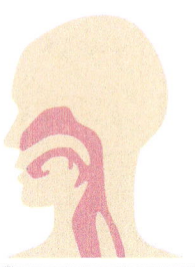	**bajusz** mustache 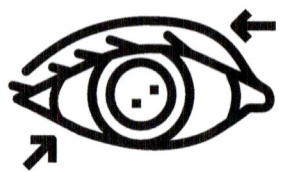	**izom** muscle 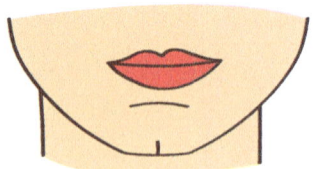
könyök elbow 	**lábujj** toe 	**pofa** cheek 

idő / time

tegnap	yesterday
ma	today
holnap	tomorrow
most	now
hamarosan	soon
késő	late
itt	here
távolság	distance
napfelkelte	sunrise
dél	noon
este	evening
éjfél	midnight
évtized	decade
évszázad	century
évezred	millennium

Európa  Europe	**Afrika**  Africa	**Ázsia**  Asia
Amerika  America	**Anglia**  England	**Németország**  Germany
Franciaország  France	**Spanyolország**  Spain	**Olaszország**  Italy
Egyesült Államok 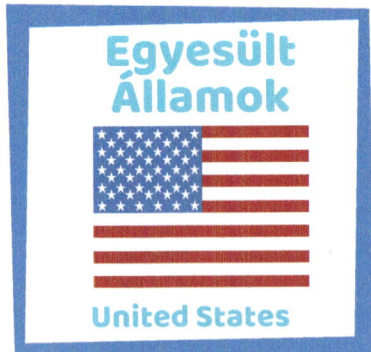 United States	**Brazília**  Brazil	**Japán**  Japan
Kína  China	**India**  India	**Oroszország**  Russia

COUNTRY / ORSZÁG

Mexikó

Mexico

Egyiptom

Egypt

Törökország

Turkey

Nigéria

Nigeria

Thaiföld

Thailand

Dél-Korea

South Korea

Colombia

Colombia

Argentína

Argentina

Algéria

Algeria

Lengyelország

Poland

Szaúd-Arábia

Saudi Arabia

Kamerun

Cameroon

Holandia

Netherlands

Svájc
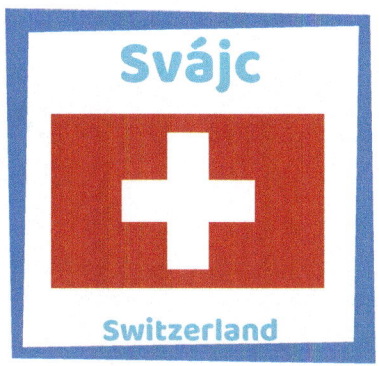
Switzerland

Svédország

Sweden

COUNTRY / ORSZÁG

Görögország

Greece

Belgium

Belgium

Írország

Ireland

Norvégia

Norway

Ausztrália

Australia

Dánia

Denmark

Ausztria

Austria

Finnország

Finland

Purtugália

Portugal

Dél-Afrika

South Africa

Indonézia

Indonesia

Tanzánia

Tanzania

Ukrajna

Ukraine

Peru

Peru

Chile

Chile

COUNTRY / ORSZÁG

POPULATION / LAKOSSÁG

Európai

European

Amerikai

American

Angol

English

Francia

French

Spanyol

Spanish

Olasz

Italian

Német

German

Afrikai
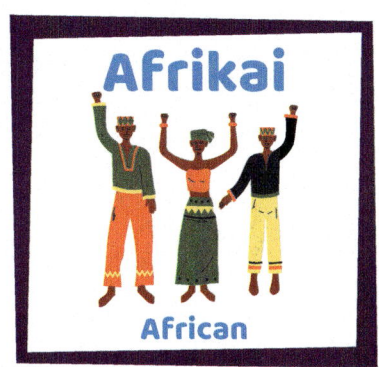
African

Ázsiai

Asian

Orosz

Russian

Kínai

Chinese

Kanadai

Canadian

Indiai

Indian

Brazíl

Brazilian

Mexikói

Mexican

Nadrág — Pants
Póló — Shirt
Nyakkendő — Tie
Zokni — Socks
Kabát — Jacket

Szemüveg — Glasses
Ruha — Dress
Cipő — Shoes

Öv — Belt
Kalap — Hat
Pénztárca — Wallet

Esernyő — Umbrella

Sapka — Beanie
Sál — Scarf
Kesztyű — Gloves

kiegészítők
accessories

KARKÖTŐ	**ÓRA**	**ÉKSZER**
BRACELET	WATCH	JEWELRY

GYŰRŰ	**FÜLBEVALÓ**	**ZSEBKENDŐ**
RING	EARRINGS	HANDKERCHIEF

PIZSAMA	**SZANDÁL**	**CSIZMA**
PAJAMAS	SANDALS	BOOTS

CIPŐFŰZŐ	**NYAKLÁNC**	**PAPUCS**
SHOELACE	NECKLACE	SLIPPERS

SMINK	**RETIKÜL**	**ZSEB**
MAKEUP	HANDBAG	POCKET

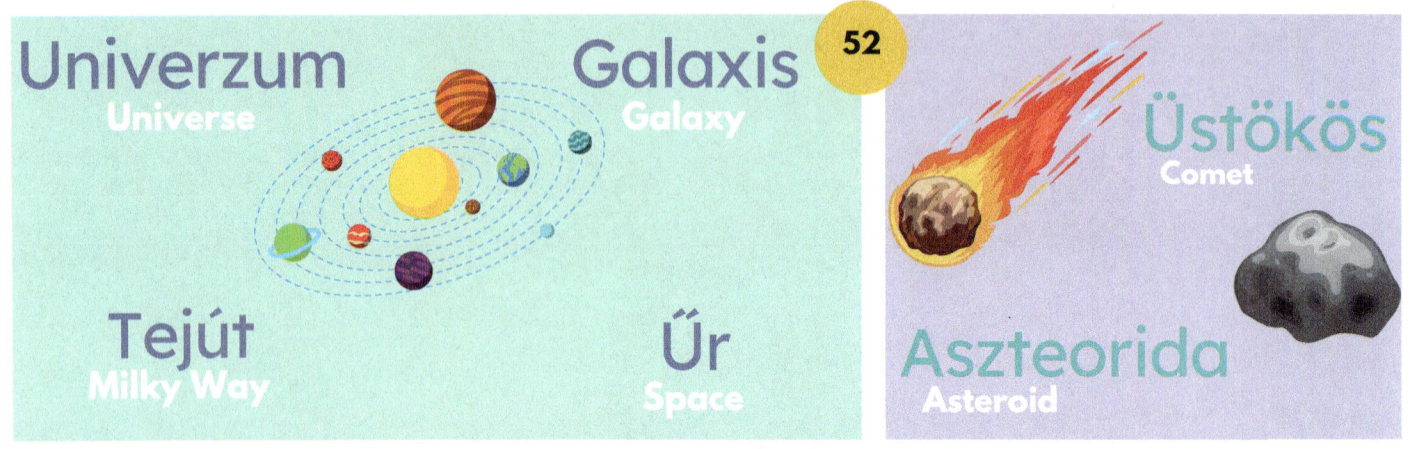

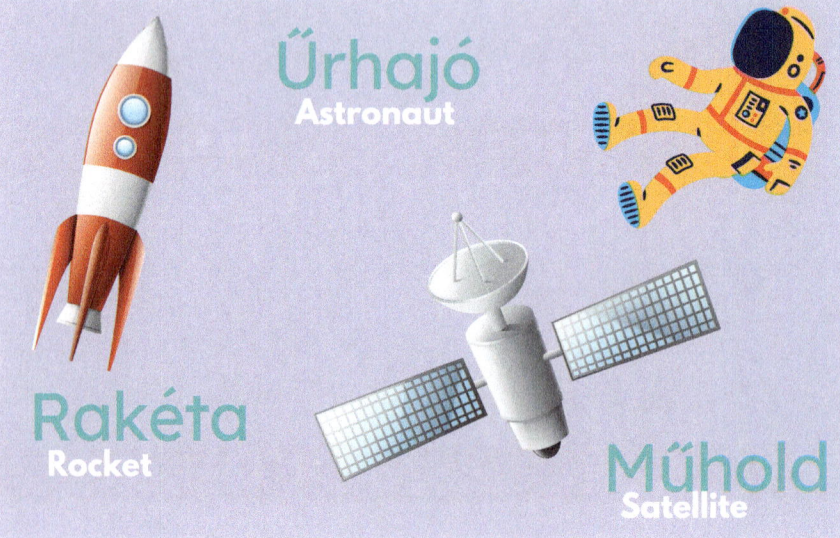

Ár — Price
Pénz — Money
Fizetni — To pay
Ügyfél — Client
Ajándék — Gift

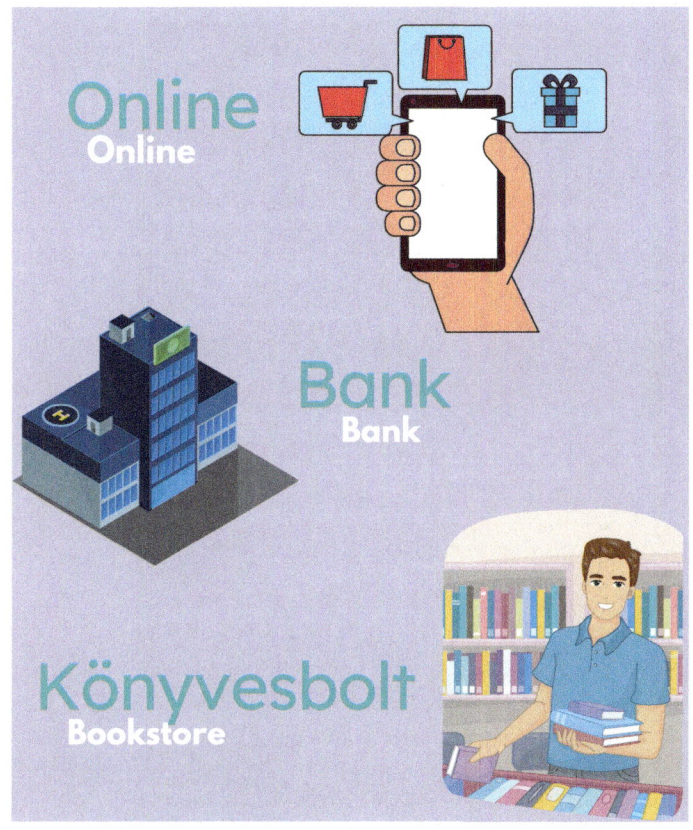

Online — Online
Bank — Bank
Könyvesbolt — Bookstore

Gyógyszertár — Pharmacy
Bolt — Store
Étterem — Restaurant

Buli — Party

Esküvő — Wedding
Születés — Birth
Születésnap — Birthday

határozószók / adverbs

mindig	always
máshol	elsewhere
körülbelül	approximately
mindenhol	everywhere
valahol	somewhere
bárhol	anywhere
sehol	nowhere
bent	inside
kint	outside
tehát	thus
közel	near
felett	above
lassan	slowly
gyorsan	quickly
valóban	really

határozószók — adverbs

egyszerűen	simply
komolyan	seriously
szerencsére	fortunately
néha	sometimes
ritkán	rarely
elég	enough
először	firstly
előtt	before
után	after
bárhogy	however
soha	never
nemrég	recently
majd	then
gyakran	often
általában	usually

határozószók / adverbs

több	better
jól	well
sok	a lot
inkább	rather
halk	quite
így	so
is	too
apró	little
messze	far
nagyon	very
majdnem	almost
már	already
óta	since
hirtelen	suddenly
valóban	indeed

 **Csecsemő** Baby

 **Gyermek** Child

 **Fiú** Boy

 **Lány** Girl

 **Tinédzser** Teenager

 **Nő** Woman

 **Férfi** Man

 **Felnőtt** Adult

 **Barát** Friend

 **Unokatestvér** Cousin

 **Munkatárs** Colleague

 **Szerelem** Love

 **Barátság** Friendship

 **Boldogság** Happiness

 **Öröm** Joy

sport

CSAPAT	**JÁTÉKOS**	**STADIUM**
TEAM	PLAYER	STADIUM
	(referee)	
FUTBOLL	**BÍRÓ**	**LABDA**
FOOTBALL/SOCCER	REFEREE	BALL

MEZ	**STËRVITJE**	**RENDITJE**
JERSEY	TRAINING	RANKING

LOVAGLÁS	**BICIKLIZÉS**	**ÚSZÁS**
HORSE RIDING	CYCLING	SWIMMING

EDZŐ	**SÉRÜLÉS**	**ATLÉTIKA**
COACH	INJURY	TRACK AND FIELD

INTERNET

Közösségi háló  Social network	Felhasználó  User	Közzétesz  Publish
Megosztás  Share	Tartalom  Content	Feliratkozás  Subscribe
Hír  News	Hirdetés  Advertising	Követés  Follow
Fiók  Account	Csatorna  Channel	Kutatás  Research
Megjegyzés  Comment	Csevegés  Chat	Link  Link

INTERNET

Billentyűzet  Keyboard	**Laptop**  Laptop	**Hálózat** 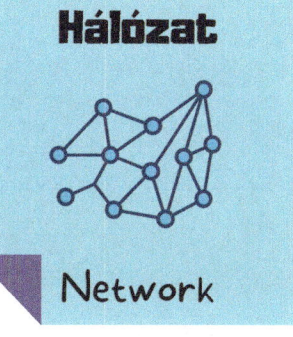 Network
Jelszó  Password	**Nyomtató**  Printer	**Képernyő**  Screen
Kábel  Cable	**Kontroller**  Controller	**Letöltés**  Download
Fülhallgató 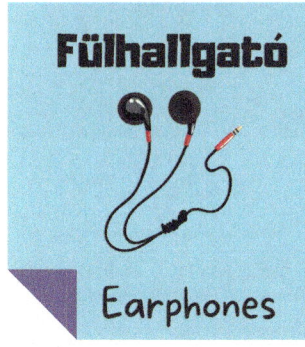 Earphones	**Számológép** 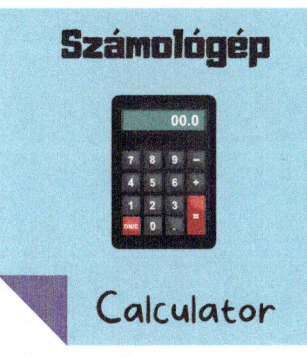 Calculator	**USB**  USB Flash Drive
Videó játékok  Video games	**Szoftver**  Software	**Fájl**  File

szótár / vocabulary

probléma	problem
ötlet	idea
kérdés	question
válasz	answer
ötlet	thought
lélek	spirit
kezdő	beginning
vége	end
törvény	law
élet	life
halál	death
bék	peace
csönd	silence
álom	dream
súly	weight

szótár

vocabulary

vélemény	opinion
dolog	thing
hiba	mistake
éjség	hunger
szomjas	thirst
választás	choice
erő	strength
kép	picture
robot	robot
hazugság	lie
igazság	truth
zaj	noise
semmi	nothing
minden	everything
fél	half

eszközök
tools

FEJSZE — AXE
FÚRÓGÉP — DRILL
RAGASZTÓ — GLUE

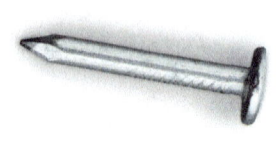

KALAPÁCS — HAMMER
LÉTRA — LADDER
SZÖG — NAIL

CSAVARHÚZÓ — SCREWDRIVER
GEREBLYE — RAKE
FŰNYÍRÓ — MOWER

FŰRÉSZ — SAW
KARTON — CARDBOARD
TALICSKA — WHEELBARROW

VADITËS — LOCSOLÓKANNA
CSAVAR — SCREW
LAPÁT — SHOVEL

szótár

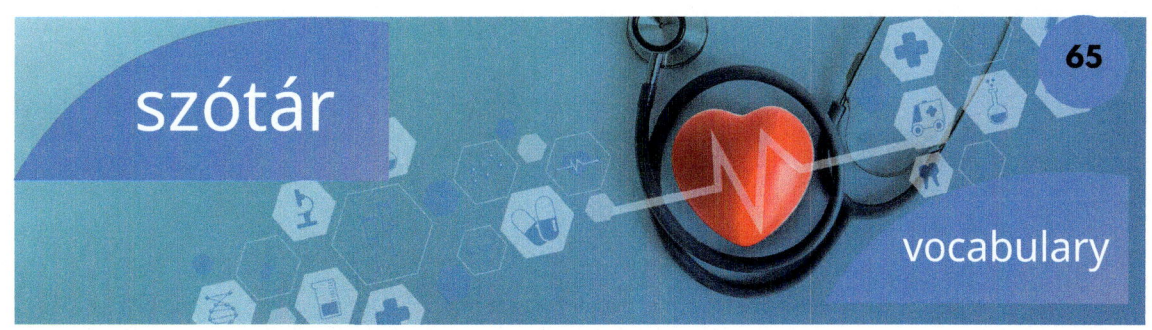

vocabulary

allergia	allergy
infuelza	flu
pihenés	rest
gyógyszer	medication
oltóanyag	vaccine
antibiotikum	antibiotic
láz	fever
gyógyulás	heal
egészség	health
fertőzés	infection
tünet	symptom
ragályos	contagious
betegség	sickness
fájdalom	pain
köhögés	cough

TUDOMÁNY / SCIENCE

Atom  Atom	Bektérium 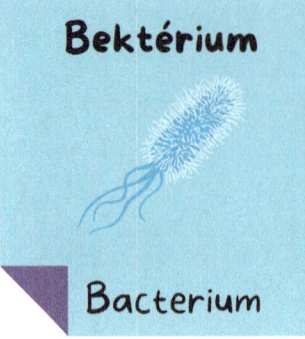 Bacterium	Sejt 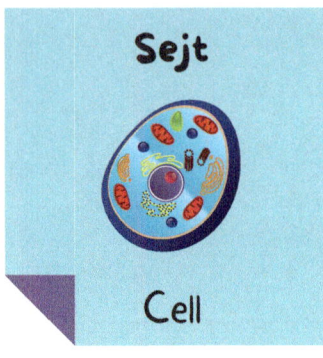 Cell
Kémia  Chemistry	Biológia  Biology	Mikroszkóp  Microscope
Molekula  Molecule	Számolás  Calculation	Eredmény 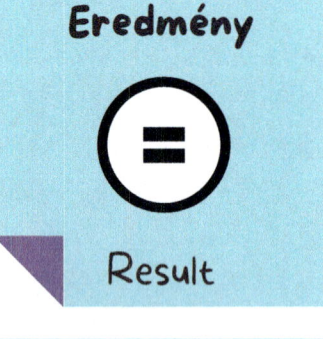 Result
Összeadás 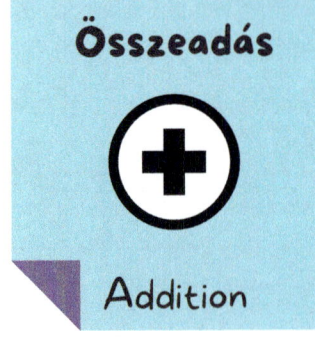 Addition	Kivonás 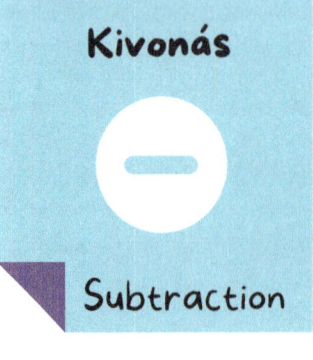 Subtraction	Osztás 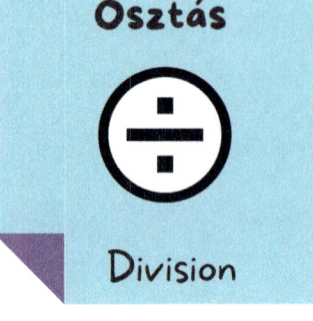 Division
Szorzás 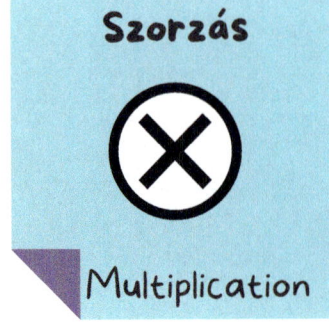 Multiplication	Zárójelelk 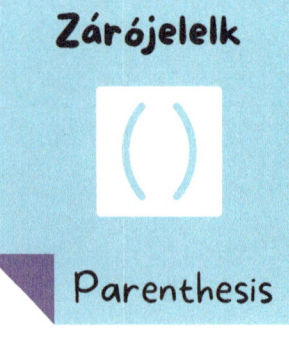 Parenthesis	Százalék 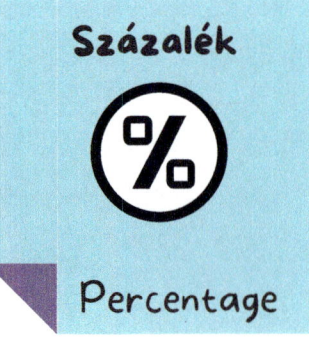 Percentage

város / city

EGYETEM — UNIVERSITY

GYÁR — FACTORY

ÉPÜLET — BUILDING

BÖRTÖN — JAIL

VÁROSHÁZ — TOWN HALL

HÍD — BRIDGE

KASTÉLY — CASTLE

TEMETŐ — CEMETERY

SZÖKŐKÚT — FOUNTAIN

ALAGÚT — TUNNEL

ÁLLATKERT — ZOO

BÍRÓSÁG — COURT

CIRKUSZ — CIRCUS

KASZINÓ — CASINO

LABORATÓRIUM — LABORATORY

MATERIALS / ANYAGOK

Pamut / Cotton 	Fa / Wood 	Tégla / Brick 
Beton / Concrete 	Gyapjú / Wool 	Bőr / Leather 
Vas / Metal 	Márvány / Marble 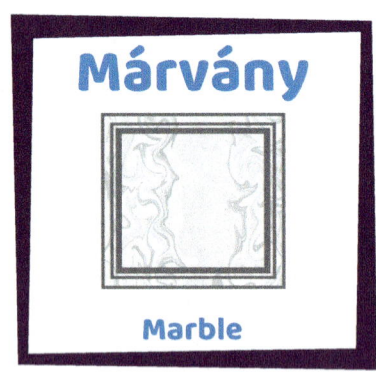	Acél / Steel 
Porcelán / Porcelain 	Agyag / Clay 	Műanyag / Plastic 
Gumi / Rubber 	Papír / Paper 	Homok / Sand 

Föld / Earth

földrengés — earthquake

tűz — fire

föld — field

lavina — avalanche

tornádó — tornado

szikla — cliff

óceán — ocean

vulkánó — volcano

dűne — dune

hullám — wave

domb — hill

gleccser — glacier

dzsungel — jungle

völgy — valley

barlang — cave

zene / music

ZENEKAR	**ZENE**	**ZENÉSZ**
ORCHESTRA	SONG	MUSICIAN

GITÁR	**ÉNEKES**	**ZONGORA**
GUITAR	SINGER	PIANO

DOB	**HEGEDŰ**	**TROMBITA**
DRUMS	VIOLIN	TRUMPET

DALSZÖVEG	**KÖZÖNSÉG**	**HANG**
LYRICS	AUDIENCE	VOICE

MIKROFON	**SZÍNPAD**	**HANGERŐ**
MICROPHONE	STAGE	VOLUME

Cím Address
Posta Mail
Levél Envelope
Bélyeg Stamp
Postaláda Mailbox

Számla Bill
Elektromosság Electricity
Gáz Gas

Fizetés Salary
Feliratkozás Subscription
Csomag Package

Postás Postman

Küldés Send
Vásárlás Buy
Eladás Sell

ökológia / ecology

ÚJRAHASZNOSÍTÁS	**KÖRNYEZET**	**SZENNYEZÉS**
RECYCLE	ENVIRONMENT	POLLUTION

ROVARÍRTÓ	**ORGANIKUS**	**VEGETÁRIÁNUS**
PESTICIDES	ORGANIC	VEGETARIAN

ENERGIA	**SZÉN**	**BENZIN**
ENERGY	COAL	GASOLINE

ATOM	**ÖKOSZISZTÉMA**	**ÁLLATVILÁG**
NUCLEAR	ECOSYSTEM	FAUNA

NÖVÉNYVILÁG	**HŐMÉRSÉKLET**	**ARKTISZ**
FLORA	TEMPERATURE	ARCTIC

Printed in Great Britain
by Amazon